Chinesisches Qigong für die Gesundheit

Ba Duan Jin

Zusammengestellt von der Chinesischen Gesellschaft
für Gesundheit und Qigong

Verlag für fremdsprachige Literatur Beijing

Erste Auflage 2008
Erster Nachdruck 2010
Zweiter Nachdruck 2012

Übersetzung: Dorian Liedtke
Lektorat: Ren Shuyin

ISBN 978-7-119-05433-9

© Verlag für fremdsprachige Literatur GmbH, 2012
Herausgeber: Verlag für fremdsprachige Literatur GmbH
Baiwanzhuang Dajie 24, 100037 Beijing, China
Hompage: www.flp.com.cn

Vertrieb: Chinesische Internationale Buchhandelsgesellschaft
Chegongzhuang Xilu 35, 100044 Beijing, China

Vertrieb für Europa: CBT China Book Trading GmbH
Max-Planck-Str. 6A
D-63322 Rödermark, Deutschland
Homepage: www.cbt-chinabook.de
E-Mail: post@cbt-chinabook.de

Druck und Verlag in der Volksrepublik China

Vorwort

Ba Duan Jin, auch Acht edle Übungen genannt, ist eine traditionelle chinesische Qigong-Übung für Gesundheit und Fitness, die auf die Zeit der Song-Dynastie (960–1279) zurückgeht. Ba Duan Jin ist ein Juwel der chinesischen Gesundheits- und Fitnesskultur und beinhaltet leichte Bewegungen, die eine beeindruckende Auswirkung auf die Gesundheit haben.

Chinesisches Qigong für die Gesundheit – Ba Duan Jin wurde von dem Chinesischen Verband für Gesundheit und Qigong zusammengestellt und veröffentlicht. Ba Duan Jin ist eine sichere, aerobe Übung und entspricht von der Intensität und der Art seiner Bewegungen den Theorien der Kinetik und der Physiologie. Die traditionellen acht Übungen wurden um eine Ausgangs- und eine Abschlussposition erweitert, wodurch sie vollständiger, standardisierter und rationaler sind.

Es wurde nachgewiesen, dass Ba Duan Jin die Atmungsorgane und die Gliedmaßen kräftigt, die Gelenke biegsamer macht, die Nerven stärkt und das allgemeine Gleichgewichtsempfinden verbessert. Darüber hinaus wirkt es sich positiv auf das Herz-Kreislaufsystem aus und unterstützt die Heilung von Krankheiten wie Arteriosklerose der Koronargefäße und Osteoporose. Ba Duan Jin stärkt bis zu einem bestimmten Grad das Immunsystem, verzögert den Alterungsprozess und verlängert dadurch die Lebenszeit. Außerdem fördert es die geistige Gesundheit.

Aus einer Umfrage ging hervor, dass die meisten Personen, die Ba Duan Jin betreiben, mit der weiter unten beschriebenen Länge der Übungen, ihrer Intensität und Form zufrieden sind und die Auswirkungen, die Ba Duan Jin auf die Verbesserung der Gesundheit hat, bestätigen.

Inhalt

Kapitel I
Ursprung und Entwicklung

Gao Lian, ein Gelehrter der Ming-Dynastie (1368–1644), schrieb in seinem Werk *Acht Aspekte der Gesundheitspflege* (遵生八笺): „Wird es zwischen ein Uhr morgens und zwölf Uhr Mittags ausgeübt, bringt Ba Duan Jin die Ausübenden in Harmonie mit dem Universum." Jin bezeichnet auf Chinesisch etwas glänzendes und schönes, wie zum Beispiel Brokat. Es kann aber auch einen Satz gesundheitsfördernder Übungen – so perfekt, wie ein Tuch aus Seide – beschreiben.

Der Begriff Ba Duan Jin taucht erstmals in dem Buch *Mitschriften eines Zuhörers – Eine Auswahl übernatürlicher chinesischer Geschichten* (夷坚志) von Hong Mai aus der Südlichen Song-Dynastie (1127–1279) auf. In dem Buch heißt es: „Li Siju wurde 1117 als Beamter mit der Aufgabe betraut, sich um das tägliche Leben des Kaisers zu kümmern. (…) Er begann, um Mitternacht aufzustehen, saß dann dort und übte sich in tiefer Atmung und Selbstmassage, wie im sogenannten Ba Duan Jin." Hieraus ist ersichtlich, dass die Übungen in China bereits zu der damaligen Zeit beliebt waren.

Ba Duan Jin kann in zwei Grundpositionen praktiziert werden: stehend und sitzend. Da die Ausübung im Stehen einfacher und beliebter ist, bildet in diesem Buch dieser Stil die Grundlage für das Erlernen von Ba Duan Jin.

In der Ming- und Qing-Dynastie (1644–1911) entwickelte sich der stehende Stil des Ba Duan Jin zu einer äußerst beliebten Übung. In der Qing-Dynastie erschien ein Buch mit dem Titel *Neu herausgegebene Illustrationen für Gesundheit und Fitness – Ba Duan Jin*. Es war das erste Werk, dass sich der Illustration des stehenden Stils von Ba Duan Jin widmete. In dem Buch wird in einem Lied empfohlen: „Die Hände mit nach oben gerichteten Handflächen hochhalten, um die inneren Organe zu regulieren. Als Bogenschütze posieren, der links- und rechtshändig schießt. Einen Arm emporhalten, um die Funktion von Milz und Magen anzupassen. Nach hinten schauen, um pathogene Faktoren zu verjagen. Den Kopf wiegen und den Körper senken, um das Herz-Feuer zu vertreiben. Die Hände am Rücken herabbewegen und die Füße berühren, um die Nieren und Taille zu stärken. Die Fäuste ausstrecken und wütend mit den Augen starren, um die Kraft zu stärken. Die Fersen heben und senken, um Krankheiten zu heilen." Aus dem Lied geht hervor, dass Ba Duan Jin bereits damals zu einem vollständigen Satz an Übungen zur Verbesserung der Gesundheit zusammengestellt wurde.

Im Verlauf der Entwicklung von Ba Duan Jin entstanden zahlreiche Schulen. Allgemein gesagt gibt es zwei Hauptschulen: Die südliche und die nördliche Schule. Die südliche Schule ist „sanfter" und führt Bewegungen hauptsächlich stehend aus, während die nördliche Schule „härter" ist und häufig die Reiterhaltung nutzt. Dokumentationen und ihren Bewegungsabläufen zufolge haben sie denselben Ursprung und sich gegenseitig beeinflusst. Die beiden Stile werden tendenziell immer ähnlicher.

Es gibt unterschiedliche Ansichten zu der Frage, wer Ba Duan Jin erfunden hat und wann dies geschah. Aber es scheint klar zu sein, dass Ba Duan Jin im Verlauf der Jahrhunderte von weiteren Beiträgen von Gesundheitsspezialisten und Praktikern profitiert hat.

In den 1970er Jahren wurde in einem Familienfriedhof eines hohen Beamten bei Changsha in Zentralchina eine Brokatmalerei aus der Zeit der Han-Dynastie (206 v. Chr.–220 n. Chr.) mit dem Titel *Diagramme für körperliche Übungen und Atemübungen* entdeckt. Die Malerei beschreibt vier Bewegungen für Körper und Gliedmaßen, die denen der modernen Ba Duan Jin Übungen sehr ähnlich sind: „Als Bogenschütze posieren, der links- und rechtshändig schießt", „Einen Arm emporhalten, um die Funktion von Milz und Magen anzupassen", „Die Hände an Rücken und Beinen herabbewegen und die Füße berühren, um die Nieren und Taille zu stärken" und „Die Fersen heben und senken, um Krankheiten zu heilen." Ähnliche Darstellungen sind auch in dem Buch *Über die Pflege der geistigen Gesundheit und die Verlängerung der Lebensspanne* (养性延命录) von Tao Hongjing zu finden, der in der Zeit der Südlichen und Nördlichen Dynastien (420–589) lebte.

Kapitel II

Charakteristika

Sanft, langsam, sacht und gleichmäßig

Die Bewegungen sollten sanft, entspannt und elegant sein und auf Grundlage einer ausbalancierten Körperhaltung, in einer runden und fließenden Weise und mit einer klaren Unterscheidung zwischen Substanziellem und Substanzlosem durchgeführt werden. Die Wirbelsäule leitet Bewegungen durch den ganzen Körper. Die Übungen sollten ohne Zögern, in einer natürlichen Art und unter wohl-koordinierten Bewegungen des Ober- und des Unterkörpers sowie in einem angemessenen Tempo durchgeführt werden.

Die Bewegungen sollten fortlaufend sein, wie fließendes Wasser oder treibende Wolken, um Körper und Geist des Ausübenden zur Ruhe zu bringen. Während der Übung darf es keine Unterbrechungen geben, auch nicht bei dem Wechselspiel zwischen Substanziellem und Substanzlosem. Dies hilft, den inneren Kreislauf der Lebensenergie zu beruhigen und Gesundheit und Fitness zu verbessern.

Rhythmische Kombination von Entspannung und Anspannung sowie Dynamik und Trägheit

Entspannung erfordert einen spannungsfreien Zustand der Muskeln, Gelenke und des zentralen Nervensystems. Geleitet vom Geist sollte die Atmung sanft, das Herz ruhig und der Körper entspannt sein. Allerdings sind ein korrekter Stand und eine korrekte Haltung für die Entspannung unabdingbar, die von außen nach innen vertieft werden sollte.

Kraft bezeichnet die notwendige rationale Kraft, die insbesondere zwischen dem Ende der vorhergehenden und dem Beginn der neuen Übung nötig ist. Dies ist zum Beispiel der Fall bei der Bewegung der Hand in „Die Hände mit nach oben gerichteten Handflächen hochhalten, um die inneren Organe zu regulieren", der Reiterhaltung des Bogenschützen in „Als Bogenschütze posieren, der links- und rechtshändig schießt", beim Emporhalten des Arms in „Einen Arm emporhalten, um die Funktion von Milz und Magen anzupassen", den Bewegungen des Kopfes und der Arme in „Nach hinten schauen, um pathogene Faktoren zu verjagen", dem Strecken der Fäuste in „Die Fäuste ausstrecken und wütend mit den Augen starren, um die Kraft zu stärken" sowie der Bewegung des Kopfes und dem Zurückziehen der Zehen und des Hinterns in „Die Fersen heben und senken, um Krankheiten zu heilen"

Kraft ist nur für einen Moment bei der Änderung der Bewegungsabläufe erforderlich. Zu jedem anderen Zeitpunkt sollte der Körper entspannt sein. Eine gute Kombination von Kraft und Entspannung oder Dynamik und Trägheit hilft, das Gleichgewicht zwischen Yin und Yang zu wahren, die von der traditionellen chinesischen Medizin als die beiden gegensätzlichen und miteinander in Wechselwirkung stehenden grundlegenden Aspekte des Körpers beschrieben werden. Außerdem hilft sie, die Zirkulation in den Kanälen und Seitenwegen sowie die Bewegung der Gelenke und die Funktion des Blutkreislaufs zu verbessern. Dies alles hat positive Auswirkungen auf die Kräftigung des Körpers und die Verbesserung der Gesundheit.

Dynamik und Trägheit sind der äußere Ausdruck von Körperbewegung. Dynamik verlangt von dem Übenden, seine Bewegungen, unter Leitung des Geistes, in einer flexiblen, lebendigen, gleichmäßigen und natürlichen Weise auszuführen.

Trägheit bedeutet, dass der Übende auch einen Zustand der Ruhe bewahren sollte, wenn zwischen zwei Bewegungen die Anwendung von Kraft erforderlich ist. Dies gilt insbesondere für die langsame Kraftanwendung bei den oben genannten Bewegungen. Ein äußeres Verharren unterbricht den inneren Kreislauf auch bei angespannten Muskeln nicht.

Geist und Körper vereinen, um Lebenskraft zu kultivieren

Der Begriff Geist bezeichnet im Qigong den geistigen Zustand und das normale Bewusstsein sowie vom Geist und den Gedanken geleitete Körperbewegungen. „Der Geist regiert die Verfassung, und die Verfassung bildet die Grundlage des Geistes". Beide bilden gemeinsam eine interaktive und sich gegenseitige fördernde Ganzheit, die durch Harmonie und Symmetrie in allen Bewegungen und zwischen ihnen charakterisiert ist. Ba Duan Jin ist bekannt für seine geschmeidigen und angenehmen Körperhaltungen und seine Bewegungen werden mit einer tiefen inneren Kraft vollzogen. Ba Duan Jin kombiniert auf natürliche Weise Bestimmtheit und Sanftheit, wobei ein konzentrierter Geist einem dynamischen Körper folgt. Die Übungen wirken durch das Wechselspiel von Substanz und Substanzlosem.

Das Ziel der Übungen ist, durch geistige Kultivierung und körperliche Übungen die Zirkulation der inneren Energie zu steigern und Gesundheit und Fitness zu fördern. Während der Übungen ist eine tiefe und natürliche Atmung ohne jeglichen Zwang erforderlich.

Kapitel III

Tipps für die Praxis

Sei entspannt, ruhig und natürlich

Mit einem entspannten Geist ist es leichter, psychologischen und physiologischen Stress abzubauen. Ein entspannter Körper kann Muskeln, Gelenke und Organe besser aufeinander abstimmen. Eine derartige zweifache Entspannung zu erreichen, ist ein progressiver, von innen nach außen verlaufender Prozess, bei dem Körper, Atem und Geist von jedem Hemmnis befreit werden. Ein friedlicher Geist und eine ruhige Stimmung bedeuten vollständige Konzentration auf die Übung, ohne jede Ablenkung. Entspannung und Ruhe ergänzen sich gegenseitig und sind voneinander untrennbar.

Natürlichkeit bedeutet, dass Körper, Atem und Geist ohne jeden Zwang funktionieren. Anstatt den Dingen ihren Lauf zu lassen, erfordert Natürlichkeit, dass alle Übungen entsprechend der Vorgaben durchgeführt werden, bei unbewusster und nicht erzwungener Atmung und von äußeren Reizen unbeeinflusst. Dieser Zustand wird im Verlauf gewissenhafter Praxis der Übungen erreicht.

Sei genau aber flexibel

Genauigkeit erfordert, dass die Körperhaltungen und die Herangehensweise den Anforderungen und Bestimmungen entsprechen. Hauptziel des Anfängers ist, das Einnehmen der korrekten Ausgangsposition zu üben. Dies kann durch das Einnehmen der stehenden Haltung erreicht werden, wobei die Dauer dem persönlichen Gesundheitszustand angepasst wird. Anschließend sollten die Richtungen und Winkel der Bewegungen sorgfältig nachvollzogen und die Methoden der Kraftanwendung intensiv geübt werden.

Der körperliche Zustand der Ausübenden, besonders der Älteren und Gebrechlichen, sollte bei der Anpassung der Intensität der Übungen berücksichtigt werden.

Nach einem optimalen Zustand durch Übung streben

Die Übung ist der Prozess, der körperliche Bewegung, Anpassung des psychischen Zustands und Atmung verbindet. Dabei wird großer Wert darauf gelegt, einen entspannten, angenehmen und natürlichen Zustand des Geistes und des Körpers nach dem Training zu erreichen. Die Intensität der Körperhaltungen und die Bewegungen sowie die Kraftanwendung sollten den körperlichen Bedingungen des Ausübenden angepasst werden, damit schrittweise eine korrekte Durchführung der Übungen erreicht werden kann. Dasselbe gilt für die Anpassung der Atmung.

Übung soll stets zugunsten eines optimalen körperlichen und geistigen Zustands geschehen. Dauer, Anzahl der Wiederholungen und Intensität der Bewegungen sollten vor der Übung gut geplant werden, um ein angemessenes Gleichgewicht zwischen Geist, Körper und der Zirkulation der inneren Energie (Qi) zu erreichen. Ein gutes Ergebnis durch Training ist auch mit dem persönlichen Alltagsleben verbunden. Regelmäßig essen und trinken und ein maßvolles Leben führen sowie optimistisch sein – das wird die Wirkung der Übungen verstärken und die Gesundheit der Übenden verbessern.

Abgestufter Fortschritt

Anfänger werden zu Beginn möglicherweise unter schmerzenden Muskeln und Gelenken leiden, aber wenn sie sich die korrekte Körperhaltungen angewöhnen und bei der Durchführung der Übungen eine angemessene Kontrolle walten lassen, dann werden derartige Symptome allmählich verschwinden.

Für Anfänger ist natürliche Atmung empfehlenswert. Mit der tiefen Atmung kann begonnen werden, wenn die grundlegenden Punkte bewältigt sind und eine Koordination zwischen Bewegung und Atmung erforderlich wird.

Die Auswirkungen der Übungen können von Person zu Person unterschiedlich sein. Aber bei einer vernünftigen Trainingsmethode, einem angemessenen Übungsumfang und kontinuierlicher Praxis wird jeder allmählich von dem anfänglich schmerzhaften Stadium zu einem tieferen Verständnis der grundlegenden Punkte und Details des Ba Duan Jin gelangen und die Ebene der natürlichen Kombination von Bewegung, Atmung und Geist erreichen.

Kapitel IV
Schrittweise Beschreibung der Übungen

Teil 1
Handhaltungen und die
Grundstellung

Grundlegende Handhaltungen

Faust

Die Spitze des Daumens wird auf das körpernahe Ende des Ringfingers gedrückt und die anderen vier Finger werden um den Daumen geschlossen. [Abb. 1]

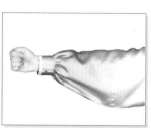

Abb. 1

Handfläche

Handflächenhaltung 1: Krümmen Sie die Finger leicht und halten Sie sie voneinander getrennt. [Abb. 2]

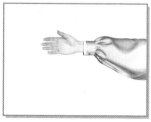

Abb. 2

Handflächenhaltung 2: Strecken Sie Daumen und Zeigefinger, aber halten Sie sie getrennt. Krümmen Sie leicht das erste und das zweite Gelenk der anderen drei Finger und formen Sie eine hohle Griffhand. [Abb. 3]

Abb. 3

Klaue

Legen Sie die Finger aneinander. Krümmen Sie das erste Gelenk des Daumens und die ersten beiden Gelenke der übrigen vier Finger. Das Handgelenk ist gestreckt. [Abb. 4]

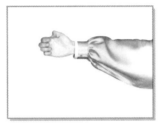

Abb. 4

Die Grundstellung der Beine

Reiterhaltung

Stehen Sie mit den Füßen zwei bis drei Fußbreit auseinander. Nehmen Sie eine halb-hockende Position ein, wobei sich Ihre Oberschenkel etwas höher als waagerecht zum Boden befinden. [Abb. 5]

Abb. 5

Teil 2
Die Übungen (illustriert)

Ausgangsposition

1. Stehen Sie aufrecht und zentriert. Ihre Füße stehen zusammen und Ihre Arme hängen locker an den Seiten. Der Blick ist geradeaus gerichtet. [Abb. 6]

2. Verlagern Sie das Körpergewicht auf den rechten Fuß, wobei Taille und Hüften entspannt bleiben. Treten Sie mit dem linken Fuß zur Seite, so dass die Füße schulterweit auseinanderste-

Abb. 6

hen. Die Zehen zeigen nach vorne. Der
Blick ist geradeaus gerichtet. [Abb. 7]

3. Drehen Sie die Arme nach innen
und schwingen Sie Ihre Handflächen
bis auf Höhe der Hüften, wobei die
Handflächen nach innen zeigen. Der
Blick ist geradeaus gerichtet. [Abb. 8]

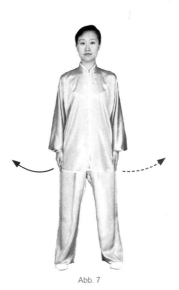

Abb. 7

4. Fahren Sie fort, indem Sie Ihre
Knie leicht beugen. Drehen Sie die
Arme nach außen und führen Sie sie
in einem Halbkreis vor Ihren Bauch,
bis auf Höhe des Bauchnabels. Dabei
zeigen die Handflächen nach innen und
liegen etwa 10 Zentimeter auseinander.
Der Blick ist geradeaus gerichtet. [Abb.9]

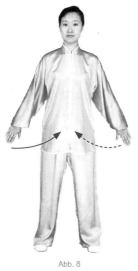

Abb. 8

Abb. 9

❑ Halten Sie Ihren Hals gerade, wobei das Kinn eingezogen ist, die Zunge den Oberkiefer berührt und die Lippen geschlossen sind. Halten Sie Schultern und Ellbogen unten und die Achselhöhlen leer. Drücken Sie die Brust raus, entspannen Sie den Unterleib, halten Sie Hüften und Hintern unten und den Oberkörper gerade und zentriert.

❑ Atmen Sie langsam, wobei Sie die Luft zum Akkupunkt Dantian (ca. 5 Zentimeter unterhalb des Bauchnabels) leiten. Passen Sie die Atmung 6-9 Mal an.

Häufige Fehler

❑ Der Daumen zeigt nach oben und die anderen vier Finger zeigen nach unten, wenn die Arme einen hohlen Halbkreis formen.

❑ Die Taille wird nach vorne geschoben. Die Knie werden zu stark gebeugt. Die Füße stehen zu weit auseinander.

Korrektur

18

❑ Halten Sie Schultern und Ellbogen unten, wobei die Finger und die Daumen aufeinander zeigen.

❑ Spannen Sie den Hintern an. Der Akkupunkt Mingmen an der hinteren Hüfte ist entspannt und die Knie sind gebeugt, zeigen aber nicht über die Zehen hinaus. Die Füße stehen parallel, aber auseinander.

Funktionen und Auswirkungen

❑ Die Organe zu entspannen, beruhigt den Geist und reguliert die Atmung. Mit der aufrechten und zentrierten Haltung des Körpers bereitet diese Position Geist und Körper auf den Beginn der Übung vor.

Die Hände mit nach oben gerichteten Handflächen hochhalten, um die inneren Organe zu regulieren

Übung 1

1. Die Übung schließt unmittelbar an die letzte Position der vorangegangenen Übung an. Bewegen Sie die Arme aus der halbkreisförmigen Position nach unten. Überkreuzen Sie die Finger Ihrer Hände vor dem Unterleib, wobei die Handflächen nach oben zeigen. Der Blick ist geradeaus gerichtet. [Abb. 10]

2. Strecken Sie nun langsam die Knie, bis Sie aufrecht stehen. Heben Sie die Hände mit nach oben zeigenden Handflächen. Drehen

Abb. 10

Sie die Handflächen und drücken Sie die Hände mit nach oben gerichteten Handflächen zum Himmel. Heben Sie den Kopf und richten Sie Ihren Blick auf die Handflächen. [Abb. 11]

3. Drücken Sie die Ellbogen durch, um Ihre Hände noch höher zu heben. Ziehen Sie das Kinn ein. Halten Sie diese Stellung einen Moment. Der Blick ist nach vorne gerichtet. [Abb. 12]

4. Beugen Sie Ihre Knie leicht und verlagern Sie das Körpergewicht etwas nach unten. Strecken Sie die Finger und senken Sie die Arme bis zu einer halbkreisförmigen Position auf Höhe des Bauchnabels an den Seiten herab. Die Handflächen zeigen nach oben. Der Blick ist geradeaus gerichtet. [Abb. 13]

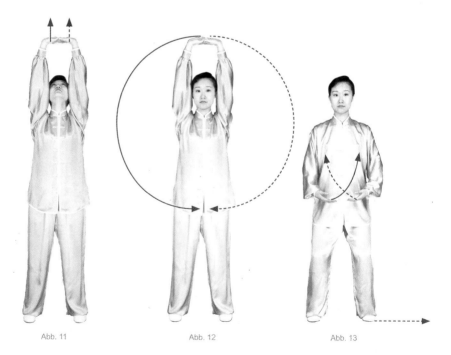

Abb. 11   Abb. 12   Abb. 13

Die oben beschriebenen Bewegungen sollten sechs Mal durchgeführt werden, wobei die Hände bei jedem Durchgang einmal gehoben und gesenkt werden.

Zu berücksichtigen

☐ Drücken Sie beim Heben der Hände Brust und Oberkörper heraus. Verweilen Sie einen Moment in der gestreckten Position.

☐ Entspannen Sie beim Senken der Hände Taille und Hintern. Halten Sie Schultern und Ellbogen unten. Entspannen Sie Handgelenke und Finger und halten Sie den Oberkörper gerade und zentriert.

Häufige Fehler

☐ Der Kopf wird beim Heben der Hände nicht hoch genug gehalten. Die Bewegung wird nicht fließend durchgeführt.

Korrektur

☐ Beim Heben der Hände und dem Strecken von Brust und Oberkörper ist eine kontinuierliche Kraftanwendung erforderlich. Heben Sie zur Unterstützung der Bewegung Ihr Kinn zuerst an und ziehen Sie es dann ein, um das Anheben der Hände zu unterstützen. Die Kraft sollte auf den Ansatz der Handflächen konzentriert werden.

Funktionen und Auswirkungen

☐ Ziel dieser Übung ist die Aktivierung der Funktionen der so genannten Sanjiao, der drei Körperhöhlen, in denen sich die inneren Organe befinden. Das Heben und Senken der Hände mit überkreuzten

Fingern und gestreckten Muskeln hilft, eine gute Zirkulation des Blutes und der Lebensenergie in den Organen sicherzustellen.

◻ Durch das Dehnen der Muskeln und Bänder an den Gelenken und des weichen Gewebes im Oberkörper wird die Flexibilität der Gelenke erhöht. Dies hilft, Schulterprobleme zu heilen und Problemen in der Halsgegend vorzubeugen.

Als Bogenschütze posieren, der links- und rechtshändig schießt

Übung 2

1. Die Übung schließt unmittelbar an die letzte Position der vorangegangenen Übung an. Verlagern Sie das Körpergewicht nach rechts und treten Sie mit dem linken Fuß zur Seite. Biegen Sie Ihre Knie gerade und stehen Sie aufrecht. Heben Sie die Hände bis vor die Brust, wobei die Hände sich überkreuzen und die linke Hand außen ist. Die Handflächen zeigen nach innen. Der Blick ist geradeaus gerichtet. [Abb. 14]

Abb. 14

2. Beugen Sie nun langsam die Knie und nehmen Sie die Reiterhaltung ein. Bewegen Sie die rechte, zu einer Klaue geformte Hand zu einer Position vor der rechten Schulter. Trennen Sie den Daumen der linken Hand vom Zeigefinger, wobei das erste und das zweite Gelenk der drei anderen Finger leicht gekrümmt ist. Drehen Sie den linken Arm nach innen und drücken Sie ihn nach links, bis er sich in einer Position auf Höhe der Schulter befindet. Krümmen Sie das linke Handgelenk, wie ein Bogenschütze, der sich darauf vorbereitet, einen Pfeil abzuschießen. Die Handfläche zeigt nach links. Halten Sie diese Position einen Moment. Die Augen schauen nach links. [Abb. 15]

3. Verlagern Sie das Körpergewicht nach rechts und öffnen Sie dabei beide Hände. Heben Sie die rechte Hand in einem Bogen bis in eine Position auf Ebene der rechten Schulter. Die Finger zeigen nach oben und die Handfläche nach vorne. Spreizen Sie die Finger der linken Hand. Die Handfläche der linken Hand zeigt nach hinten. Der Blick ist auf die rechte Hand gerichtet. [Abb. 16]

Abb. 15   Abb. 16

4. Verlagern Sie nun das Körpergewicht nach rechts. Ziehen Sie den linken Fuß nach hinten und stehen Sie mit zusammengestellten Füssen aufrecht. Senken Sie die Hände und halten Sie sie vor Ihren Unterleib. Die Finger zeigen aufeinander und die Handflächen nach oben. Der Blick ist nach vorne gerichtet. [Abb. 17]

Abb. 17

Die Bewegungen 5-8 entsprechen den Bewegungen 1-4, werden allerdings seitenverkehrt vollzogen. [Abb. 18-21]

Die Übung sollte mit beiden Körperhälften drei Mal durchgeführt werden.

Abb. 18

Abb. 19

Abb. 20

Abb. 21

Wenn Sie die letzte Bewegung zum dritten Mal vollführen, verlagern Sie das Körpergewicht weiter nach links. Ziehen Sie den rechten Fuß zurück und stehen Sie bei leicht gebeugten Knien aufrecht. Die Füße stehen schulterweit auseinander. Bewegen Sie die Hände nach unten, als würden Sie vor ihrem Unterleib einen hohlen Ball halten. Dabei zeigen die Handflächen nach oben und die Finger aufeinander. Der Blick ist nach vorne gerichtet. [Abb. 22]

Abb. 22

☐ Krümmen Sie bei der Imitation des zum Schuss bereiten Bogenschützen die Finger der Zughand und halten Sie den Arm auf einer Ebene mit der Schulter.

☐ Die Schulter und der Ellbogen des linken Arms sollten unten gehalten werden, wobei das linke Handgelenk gebeugt ist, Daumen und Zeigefinger nach oben zeigen und die Hand eine hohle, haltende Position einnimmt.

☐ Die Reiterhaltung kann für ältere oder gebrechliche Menschen angepasst werden.

Häufige Fehler

☐ Die Schultern werden hochgezogen, die Taille ist gebeugt und die Füße stehen auseinander.

Korrektur

☐ Halten Sie Schultern und Ellbogen unten, den Oberkörper aufrecht und die Fersen auseinander, um leicht Kraft anwenden zu können.

Funktionen und Auswirkungen

☐ Das Strecken der Schultern und der Brust bei der Imitation eines Bogenschützens kann Meridiane wie den Dumai (Lenkergefäß) und eine Reihe von Akkupunkten entlang der Wirbelsäule, wie zum Beispiel den Shuxue, stimulieren. Gleichzeitig wird die innere Energie über Kanäle wie den Lungenmeridian Taiyin reguliert.

☐ Diese Übung hilft außerdem, die Muskulatur der unteren Gliedmaßen zu entwickeln und Gleichgewichtssinn und Koordinationsfähigkeit zu verbessern. Durch die Förderung der Muskelkraft der Unterarme und Hände wird die Flexibilität der Hand- und Fingergelenke verbessert.

☐ Die Übung hilft darüber hinaus, ungesunde Körperhaltungen zu korrigieren, wie zum Beispiel einen krummen Rücken oder gebeugte Schultern. Dadurch wirkt sie vorbeugend gegen Probleme im Hals- und Schulterbereich.

Einen Arm emporhalten, um die Funktion von Milz und Magen anzupassen

Übung 3

1. Die Übung schließt unmittelbar an die letzte Position der vorangegangenen Übung an. Strecken Sie langsam Ihre Knie, bis Sie mit auseinanderstehenden Füßen aufrecht stehen. Unterdessen heben Sie die linke Hand an Ihrem Gesicht vorbei bis zu einer Position links über dem Kopf, wobei Sie den linken Arm nach innen drehen. Der Ellbogen ist leicht ge-

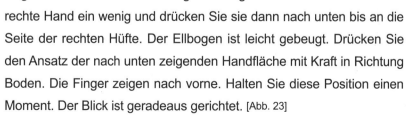

Abb. 23

beugt. Wenden Sie am Ansatz der nach oben zeigenden Handfläche Kraft an. Die Finger zeigen nach rechts. Heben Sie gleichzeitig die rechte Hand ein wenig und drücken Sie sie dann nach unten bis an die Seite der rechten Hüfte. Der Ellbogen ist leicht gebeugt. Drücken Sie den Ansatz der nach unten zeigenden Handfläche mit Kraft in Richtung Boden. Die Finger zeigen nach vorne. Halten Sie diese Position einen Moment. Der Blick ist geradeaus gerichtet. [Abb. 23]

2. Verlagern Sie Ihr Körpergewicht langsam nach unten und beugen Sie die Knie leicht. Die Taille bleibt entspannt und die Hüfte unten. Gleichzeitig beugen Sie den linken Ellbogen und bewegen Sie die linke Hand an Ihrem Gesicht vorbei nach unten bis in eine Position vor dem Unterleib. Die Handfläche zeigt nach oben. Bewegen Sie die rechte Hand nach oben bis sie sich mit der linke Hand auf einer Ebene befindet. Beide Handflächen zeigen nach oben und die Finger aufeinander. Die Finger sind etwa 10 Zentimeter voneinander entfernt. Der Blick ist geradeaus gerichtet. [Abb. 24]

Abb. 24

Die Bewegungen 3-4 entsprechen den Bewegungen 1-2, werden allerdings seitenverkehrt vollzogen. [Abb. 25-26]

28

Abb. 25

Abb. 26

Die Bewegungen sollten mit der rechten und der linken Seite je drei Mal vollzogen werden.

Beugen Sie bei der letzten Wiederholung leicht Ihre Knie und pressen Sie die rechte Hand nach unten bis auf die rechte Seite des Hüftknochens. Die Handfläche zeigt nach unten und die Finger zeigen nach vorne. Der Blick ist geradeaus gerichtet. [Abb. 27]

Abb. 27

Zu berücksichtigen

☐ Dehnen Sie Brust und Körper, lockern und strecken Sie die Taille und halten Sie Ihre Schultern entspannt und unten. Üben Sie beim Hoch- und Runterdrücken der Handflächen die Kraft mit dem Ansatz der Handflächen aus.

Häufige Fehler

☐ Die Finger zeigen in die falsche Richtung, die Ellbogen sind nicht weit genug gebeugt und der Oberkörper ist nicht ausreichend gestreckt.

Korrektur

☐ Bringen Sie Ihre Hände in die Waagerechte und üben Sie die Kraft mit dem Ansatz der Handflächen aus. Die Ellbogen sind leicht gebeugt und in entgegengesetzte Richtungen gedreht.

◻ Das Heben und Senken der Arme in entgegengesetzte Richtungen übt einen dehnenden Effekt auf die Bauchhöhle aus und massiert dadurch die Organe wie zum Beispiel Magen und Milz. Darüber hinaus werden Kanäle und Nebenwege im Bereich des Unterleibs und der Rippen sowie Akkupunkte entlang der Wirbelsäule stimuliert, zum Beispiel der Shuxue, wodurch die Zirkulation der Energie entlang der Kanäle und Nebenwege zwischen den Organen reguliert wird.

◻ Diese Übung stärkt die Gelenke und Muskeln entlang der Wirbelsäule und fördert die Flexibilität und Stabilität der Wirbelsäule. Damit hilft sie, Leiden im Hals- und Schulterbereich zu heilen und ihnen vorzubeugen.

Nach hinten schauen, um pathogene Faktoren zu verjagen

Übung 4

1. Die Übung schließt unmittelbar an die letzte Position der vorangegangenen Übung an. Strecken Sie langsam Ihre Knie, bis Sie aufrecht stehen. Die Füße stehen auseinander. Strecken Sie Ihre Arme mit nach hinten zeigenden Handflächen und nach unten zeigenden Fingern. Der Blick ist geradeaus gerichtet. [Abb. 28]

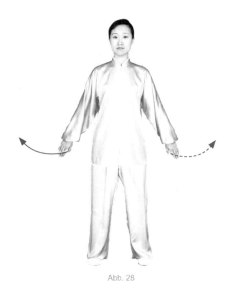

Abb. 28

Drehen Sie die Arme langsam weiter, bis die Handflächen ganz nach außen zeigen. Drehen Sie den
Kopf nach links hinten. Halten Sie diese Position
einen Moment und schauen Sie nach links hinten.
[Abb. 29]

2. Entspannen Sie Taille und Hüften. Verlagern Sie das Körpergewicht langsam nach unten,
wobei die Knie leicht gebeugt sind. Drehen Sie die
Arme nach innen und drücken Sie die Handflächen
an der Körperseite entlang nach unten. Die Finger
zeigen nach vorne. Der Blick ist geradeaus gerichtet. [Abb. 30]

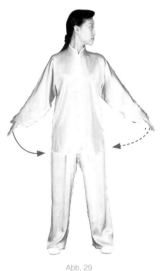

Abb. 29   Abb. 30

3. Der dritte Bewegungsablauf entspricht dem ersten, wird aber mit vertauschten Seiten durchgeführt. [Abb. 31-32]

4. Der vierte Bewegungsablauf ist mit dem zweiten identisch. [Abb. 33]

Die Übung sollte mit jeder Körperseite drei Mal durchgeführt werden.

Beugen Sie während der letzten Wiederholung leicht Ihre Knie und führen Sie Ihre Hände in eine Position vor dem Unterleib, wobei die Handflächen nach oben und die Finger aufeinander zeigen. Der Blick ist geradeaus gerichtet. [Abb. 34]

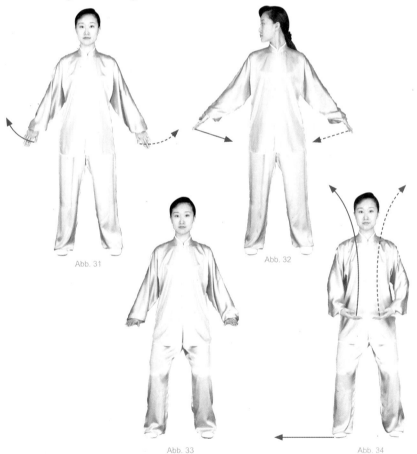

Abb. 31

Abb. 32

Abb. 33

Abb. 34

☐ Halten Sie den Kopf aufrecht und hoch und die Schultern unten.

☐ Drehen Sie nicht den Oberkörper, wenn Sie Ihren Kopf drehen. Beim Drehen der Arme ziehen Sie die Schultern zurück.

Häufige Fehler

☐ Der Oberkörper wird nach hinten geneigt, Kopf und Arme werden nicht ausreichend gedreht. Der Kopf wird zu schnell gedreht.

Korrektur

☐ Ziehen Sie das Kinn ein und stellen Sie sicher, dass Sie Kopf und Arme ausreichend weit drehen.

Funktionen und Auswirkungen

☐ Diese Übung ist gut geeignet, um Störungen von Herz, Leber, Milz, Lungen und Nieren abzuwenden. Außerdem dient sie zur Bekämpfung von Stress, ausgelöst durch Wut, Trauer, Sorgen und Angst, welche alle die Gesundheit von innen schädigen können. Die dehnenden Bewegungen helfen den Organen in der Brust und der Bauchhöhle.

☐ Das Gucken nach hinten stimuliert Akkupunkte am Hals, wie Dazhui und Shuxue entlang der Wirbelsäule, wodurch ihre heilenden und präventiven Effekte verstärkt werden.

☐ Außerdem hilft die Übung, die Zugkraft der Muskelgruppen am Hals und in den Schultern zu verbessern. Darüber hinaus fördert sie die Bewegungsfähigkeit des Rückens und die Muskeln um die Augen, wodurch einer Müdigkeit der Augenmuskulatur sowie Erkrankungen und Verletzungen der Schultern, des Halses und des Rückens entgegengewirkt wird. Schließlich verbessert die Übung die Blutzirkulation im Hals und im Gehirn und entlastet damit das zentrale Nervensystem.

Den Kopf wiegen und den Körper senken, um das Herz-Feuer zu vertreiben

Übung 5

1. Die Übung schließt unmittelbar an die letzte Position der vorangegangenen Übung an. Verlagern Sie das Körpergewicht nach links. Bewegen Sie den rechten Fuß nach Rechts und stehen Sie aufrecht. Die Füße stehen auseinander. Heben Sie die Hände und drehen Sie die Arme nach innen, wenn sie sich auf Brusthöhe befinden. Heben Sie Ihre Hände weiter bis über den Kopf, wobei die Ellbogen leicht gebeugt und die Handflächen nach oben gerichtet sind und die Finger aufeinander zeigen. Der Blick ist geradeaus gerichtet. [Abb. 35]

Abb. 35

2. Beugen Sie nun langsam die Knie und nehmen Sie die Reiterhaltung ein. Halten Sie die Arme so an den Seiten, dass die Hände auf das Kniegelenk gelegt werden können. Der Ellbogen ist leicht gebeugt und die Außenseite der kleinen Finger zeigt nach Außen. Der Blick ist geradeaus gerichtet. [Abb. 36]

3. Heben Sie das Körpergewicht leicht an und verlagern Sie es nach Rechts. Neigen Sie den Oberkörper nach rechts und nach vorne. Die Augen sind auf den rechten Fuß gerichtet. [Abb. 37]

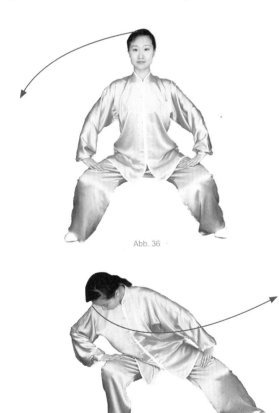

Abb. 36

Abb. 37

4. Verlagern Sie nun Ihr Körpergewicht nach links. Gleichzeitig bewegen Sie den Oberkörper nach vorne und drehen sich dann nach links. Der Blick ist auf den rechten Fuß gerichtet. [Abb. 38]

5. Verlagern Sie das Körpergewicht nach rechts und nehmen Sie die Reiterhaltung an. Bewegen Sie den Kopf nach hinten, strecken Sie den Oberkörper und ziehen Sie Ihr Kinn ein. Der Blick ist geradeaus gerichtet. [Abb. 39]

Abb. 38

Abb. 39

Die Bewegungen 6-8 entsprechen den Bewegungen 3-5, werden allerdings seitenverkehrt vollzogen. [Abb. 40-42]

Die Übung sollte mit jeder Körperseite je drei Mal wiederholt werden.

Abb. 40

Abb. 41

Abb. 42

Verlagern Sie abschließend Ihr Körpergewicht nach links und ziehen Sie den rechten Fuß zurück, um eine aufrechte Position einzunehmen. Die Füße stehen schulterweit auseinander. Heben Sie die Arme entlang der Seiten bis über den Kopf, wobei die Handflächen sich gegenüberliegen. Der Blick ist nach vorne gerichtet. [Abb. 43] Beugen Sie die Knie leicht, um das Körpergewicht langsam nach unten zu verlagern. Die Taille ist entspannt und die Hüften sind unten. Gleichzeitig beugen Sie die Ellbogen und drücken die Hände am Gesicht vorbei bis in eine Position vor dem Unterleib nach unten. Die Finger zeigen aufeinander. Der Blick ist nach vorne gerichtet. [Abb. 44]

Abb. 43 Abb. 44

38

Zu berücksichtigen

❑ Spannen Sie Hintern und Hüften an und halten Sie den Oberkörper gerade, wenn Sie die Reiterhaltung annehmen.

☐ Wenn Sie den Oberkörper schwingen, sollten Hals und Hintern in einer runden und fließenden Bewegung langsam und sanft in entgegengesetzte Richtungen gestreckt werden.

☐ Ältere oder gebrechliche Ausübende sollten die Übung mit angemessener Geschwindigkeit und ohne übermäßige Kraftanstrengung vollführen.

Häufige Fehler

☐ Beim Schwingen des Oberkörpers wird der Hals steif gehalten und der Hintern nicht weit genug gedreht.

☐ Der Oberkörper wird zu weit geneigt, wodurch er zu den Seiten schwankt.

Korrektur

☐ Ziehen Sie das Kinn nicht ein und strecken Sie es nicht nach oben, wenn der Oberkörper nach vorne und zu den Seiten geneigt wird, damit die Wirbelsäule und die betroffenen Muskeln maximal entspannt und gedehnt werden können.

☐ Erhöhen Sie den Schwung des Hinterns nach rechts, wenn der Oberkörper nach links geneigt wird. Neigen Sie den Oberkörper nach vorne und den Hintern nach hinten. Halten Sie den Kopf über der Waagerechten, so dass die Dehnung zwischen Hals und Hintern für einen weiterführenden Schwung vollständig genutzt werden.

Funktionen und Auswirkungen

☐ Durch das Hinhocken und Schwingen des Hinterns, um die Wirbelsäule und den an ihr entlang laufenden Dumai-Meridian zu stimulieren, kann innerer Stress beseitigt werden. Das Schwingen des

Kopfes stimuliert Akkupunkte wie den am Genick gelegenen Dazhui und hilft dadurch, die Zirkulation der inneren Energie zu regulieren und inneren Stress abzubauen.

☐ Während des Schwingens werden die Bereiche der Wirbelsäule am Hals und der Taille angespannt, geneigt und gedreht, dabei werden die Muskelgruppen an dem Hals, der Taille, dem Unterleib, dem Hintern und den Hüften beansprucht. Durch das Schwingen wird auch die Flexibilität der betroffenen Gelenke erhöht und die Muskulatur in diesen Breichen gestärkt.

Die Hände am Rücken herabbewegen und die Füße berühren, um die Nieren und Taille zu stärken

Übung 6

1. Die Übung schließt unmittelbar an die letzte Position der vorangegangenen Übung an. Strecken Sie die Knie, um sich bei auseinanderstehenden Füßen aufrecht hinzustellen. Zeigen Sie mit den Fingern nach vorne, heben Sie dann die Arme nach vorne und über Ihren Kopf. Die Gelenke der Ellbogen sind gestreckt und die Handflächen zeigen nach vorne. Der Blick ist geradeaus gerichtet. [Abb. 45]

Abb. 45

2. Drehen Sie die Arme, bis sich die Handflächen gegenüber liegen. Beugen Sie die Ellbogen und drücken Sie die Hände bis vor die
Brust nach unten. Die Handflächen zeigen nach unten und die Finger
aufeinander. Der Blick ist nach vorne gerichtet. [Abb. 46]

3. Drehen Sie die Arme nun nach außen, wobei die Handflächen
nach oben zeigen. Bewegen Sie die Hände unter den Achselhöhlen
hindurch etwas hinter den Oberkörper. Der Blick ist geradeaus gerichtet. [Abb. 47]

4. Bewegen Sie die Hände entlang der Wirbelsäule bis zur Hüfte. Neigen Sie den Oberkörper nach vorne. Bewegen Sie die Hände
entlang der Hinterseite der Oberschenkel bis zum Fußspann weiter
nach unten. Heben Sie den Kopf und halten Sie diese Position eine
Weile. Der Blick ist nach vorne und unten gerichtet. [Abb. 48]

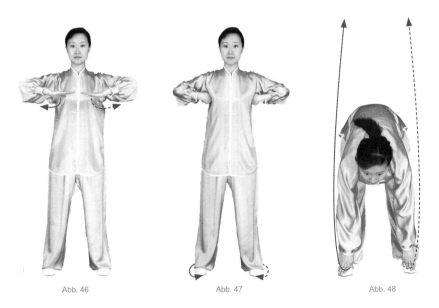

Abb. 46   Abb. 47   Abb. 48

5. Bewegen Sie die Handflächen entlang des Bodens nach vorne. Heben Sie dann die Arme und den Oberkörper,, wobei die Ellbogen gestreckt sind und die Handflächen nach vorne zeigen. Der Blick ist nach vorne gerichtet. [Abb. 49]

Wiederholen Sie die beschriebenen Bewegungen je sechs Mal. Beugen Sie dann die Knie leicht, um langsam das Körpergewicht nach unten zu verlagern. Drücken Sie die Hände bis auf eine Position vor dem Unterleib nach unten. Die Taille ist entspannt und die Hüften sind unten, die Handflächen zeigen nach unten und die Finger nach vorne. Der Blick ist geradeaus gerichtet. [Abb. 50]

Abb. 49

Abb. 50

42

| Zu berücksichtigen |

☐ Verwenden Sie beim Senken der Hände angemessene Kraft. Halten Sie die Taille entspannt, die Schultern unten und die Knie gerade, wenn Sie die Fußspanne berühren. Heben Sie die Arme hoch, um den Oberkörper anzuheben.

☐ Die körperliche Anstrengung kann dem Gesundheitszustand der älteren und schwächeren Ausübenden angepasst werden.

Häufige Fehler

☐ Beugen der Knie und Senken des Kopfes, wenn die Hände gesenkt werden.

☐ Anheben des Oberkörpers, bevor die Arme angehoben werden.

Korrektur

☐ Strecken Sie die Knie und heben Sie den Kopf, wenn Sie die Hände senken.

☐ Heben Sie erst die Arme, bevor Sie den Oberkörper anheben.

Funktionen und Auswirkungen

☐ Durch das kräftige Beugen und Neigen des Oberkörpers werden die Wirbelsäule, der an ihr entlanglaufende Dumai-Meridian und Akkupunkte wie Mingmen (an der hinteren Taille), Yangguan (auf der Wirbelsäule) und Weizong (auf der Rückseite des Knies) stimuliert. Diese Bewegungen helfen durch die Kräftigung der Taille und der Nieren außerdem, chronische Erkrankungen des urogenitalen Systems zu vermeiden oder zu behandeln.

☐ Das kräftige Beugen und Neigen der Wirbelsäule hilft, die Stärke und Flexibilität der Muskelgruppen entlang des Rumpfs zu verbessern. Außerdem hat es einen massierenden Effekt auf die Nieren, die Nebennierendrüse und die Harnleiter, wodurch deren Funktion verbessert und verjüngt wird.

Die Fäuste ausstrecken und wütend mit den Augen starren, um die Kraft zu stärken

Übung 7

Die Übung schließt unmittelbar an die letzte Position der vorangegangenen Übung an. Verlagern Sie das Körpergewicht nach rechts. Bewegen Sie den linken Fuß einen Schritt nach links und nehmen Sie die Reiterhaltung an. Ballen Sie an der Taille Fäuste, wobei die Daumen nach oben zeigen. Der Blick ist geradeaus gerichtet. [Abb. 51]

1. Bewegen Sie die linke geballte Faust, mit der Daumenseite nach oben, bis auf Schulterhöhe nach vorne. Starren Sie wütend mit den Augen auf die linke Faust. [Abb. 52]

Abb. 51

Abb. 52

2. Drehen Sie den linken Arm nach innen. Lösen Sie die Finger und richten Sie den Daumen nach unten. Blicken Sie auf die linke Handfläche. [Abb. 53] Drehen Sie den linken Arm nach außen. Der Ellbogen ist leicht gebeugt. Gleichzeitig drehen Sie die linke Hand mit nach oben zeigender Handfläche nach links und ballen Sie eine Faust. Der Blick ist auf die linke Faust gerichtet. [Abb. 54]

3. Beugen Sie den linken Ellbogen, um die Faust mit der Daumenseite nach oben an die Seite der Taille zurückzuziehen. Der Blick ist geradeaus gerichtet. [Abb. 55]

Abb. 53

Abb. 54

Abb. 55

Die Bewegungen 4-6 entsprechen den Bewegungen 1-3, werden allerdings seitenverkehrt vollzogen. [Abb. 56-59]

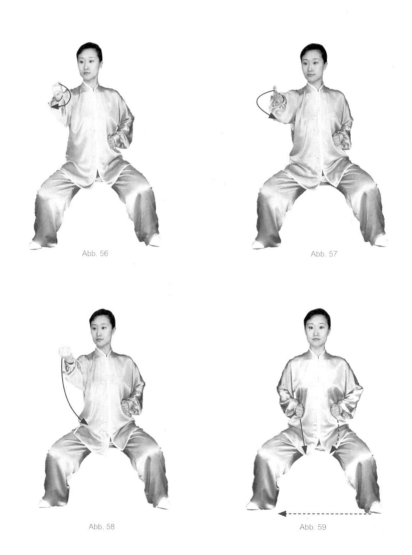

Abb. 56

Abb. 57

Abb. 58

Abb. 59

Die Übung sollte mit jeder Körperseite je drei Mal wiederholt werden. Verlagern Sie dann das Körpergewicht nach rechts und ziehen Sie den linken Fuß zurück, um eine aufrechte Position einzunehmen. Die Füße stehen beieinander. Öffnen Sie die Hände und lassen Sie die Arme locker hängen. Der Blick ist geradeaus gerichtet. [Abb. 60]

Abb. 60

Zu berücksichtigen

☐ Hocken Sie sich so tief hin wie möglich, wenn Sie die Reiterhaltung einnehmen.

☐ Starren Sie wütend auf die geballte Faust, wenn sie nach vorne bewegt wird. Versuchen Sie mit den Zehen den Boden zu greifen, drehen Sie Ihre Taille und wenden Sie entlang der Schulter bis zur Faust Kraft an. Drehen Sie das Handgelenk, wenn Sie den Arm zurückziehen. Ballen Sie die Faust mit Kraft.

Häufige Fehler

☐ Der Oberkörper wird nach vorne geneigt. Schulter und Ellbogen werden angehoben, wenn die Faust nach vorne gestreckt wird.

☐ Beim Zurückziehen der Hand wird beim Ballen der Faust und beim Drehen des Handgelenks zu wenig Kraft angewendet.

□ Strecken Sie die Faust aus der Nähe der Rippen nach vorne. Strecken Sie den Kopf und den Oberkörper. Entspannen Sie die Schultern und beugen Sie die Ellbogen leicht, um Kraft in die Spitze der Faust zu leiten.

□ Spreizen Sie beim Zurückziehen der Faust zuerst die Finger, drehen Sie dann das Handgelenk vollständig und ballen Sie dann mit Kraft erneut eine Faust.

Funktionen und Auswirkungen

□ Die traditionelle chinesische Medizin geht davon aus, dass die Leber die Sehnen und Flechsen kontrolliert und direkt mit den Augen verbunden ist. Das wütende Starren mit den Augen kann die Leberkanäle stimulieren, die Blutzirkulation verbessern und helfen, Lebensenergie zu kultivieren.

□ Hocken, mit den Zehen nach dem Boden greifen, Fäuste ballen, Handgelenke drehen und das kraftvolle Halten der zu Klauen geformten Hände kann Meridiane wie den Dumai, Akkupunkte wie den Shuxue am Rücken sowie die Sanyin- und Sanyang-Meridiane der Hände und Füße stimulieren. Die Bewegungen helfen außerdem, die Muskeln, Sehnen und Bänder zu dehnen. Die Übung kann, wenn sie über einen längeren Zeitraum vollführt wird, die Muskeln härten und die Körperkraft fördern.

48

Die Fersen heben und senken, um Krankheiten zu heilen

Übung 8

1. Die Übung schließt unmittelbar an die letzte Position der vorangegangenen Übung an. Heben Sie die Fersen und strecken Sie gleichzeitig den Hals. Verharren Sie einen Moment in dieser Position. Der Blick ist nach vorne gerichtet. [Abb. 61]

2. Senken Sie die Fersen und berühren Sie mit ihnen mehrmals leicht den Boden. Der Blick ist geradeaus gerichtet. [Abb. 62]
Diese Bewegungen sollten sieben Mal wiederholt werden.

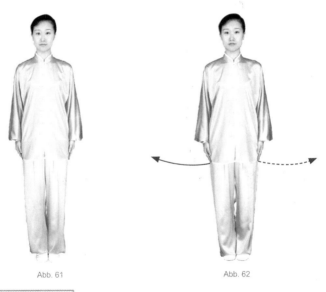

Abb. 61   Abb. 62

| Zu berücksichtigen |

☐ Versuchen Sie, beim Anheben der Fersen mit den Zehen den Boden zu greifen. Wenden Sie beim Anheben maximale Kraft an.

Halten Sie die Oberschenkel zusammen. Halten Sie den Nacken gestreckt, um mit dem Kopf nach oben zu stoßen. Halten Sie vorsichtig das Gleichgewicht, wenn Sie in der gestreckten Position verharren.

❑ Beißen Sie die Zähne zusammen, wenn Sie mit den Fersen mehrfach in einem angemessenen Tempo den Boden berühren.

❑ Halten Sie die Schultern und Arme unten und den ganzen Körper entspannt.

Häufige Fehler

❑ Anheben der Schultern. Verlust des Gleichgewichts beim Anheben der Fersen.

Korrektur

❑ Versuchen Sie, mit den Zehen den Boden zu greifen. Halten Sie die Oberschenkel beieinander. Ziehen Sie den Hintern ein und den Unterleib zusammen, wobei die Schultern unten sind und der Kopf gestreckt ist.

Funktionen und Auswirkungen

❑ Diese Übung stimuliert die Kanäle und Nebenwege der Füße und reguliert die Funktion der damit verbundenen Organe. Das mehrfache Berühren des Bodens mit den Fersen kann die Wirbelsäule und die Kanäle und Nebenwege entlang der Wirbelsäule stimulieren und die Zirkulation von Blut und innerer Energie verbessern, um eine innere Balance zu erreichen.

❑ Außerdem hilft sie, die Wadenmuskulatur zu entwickeln und die Muskeln und Bänder des Fußes zu trainieren, wodurch die Fähigkeit das Gleichgewicht zu halten, verbessert wird.

☐ Das mehrfache Berühren des Bodens mit den Fersen kann die Gelenke und die unteren Gliedmaßen sowie die Wirbelsäule stimulieren und entspannt die Muskeln im ganzen Körper.

Abschlussposition

Die Übung schließt unmittelbar an die letzte Position der vorangegangenen Übung an. Drehen Sie die Arme nach innen und schwingen Sie sie zur Seite, bis sie sich auf einer Höhe mit den Hüftknochen befinden. Die Handflächen zeigen nach hinten. Der Blick ist geradeaus gerichtet. [Abb. 63]

Beugen Sie die Ellbogen und legen Sie die Hände über dem Dantian (ca. 5 Zentimeter unterhalb des Bauchnabels) zusammen. Bei männlichen Ausübenden liegt die linke Hand innen und bei weiblichen Ausübenden die rechte Hand. Der Blick ist geradeaus gerichtet. [Abb. 64]

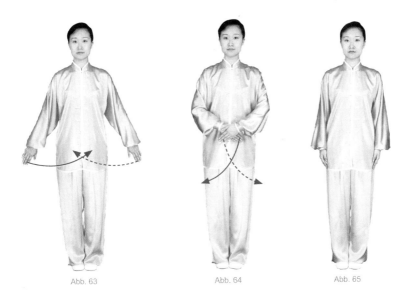

Abb. 63   Abb. 64   Abb. 65

Lassen Sie die Arme locker hängen, wobei die Hände leicht die Außenseite der Oberschenkel berühren. Der Blick ist geradeaus gerichtet. [Abb. 65]

Zu berücksichtigen

☐ Gehen Sie ruhig an die Abschlussübung heran. Der ganze Körper ist entspannt und die Atmung ist natürlich. Luft und Energie werden zum Dantian geleitet.

Häufige Fehler

☐ Eiliges Abschließen der Übung bei innerer Unruhe. Zu wenig Zeit für die Anpassung des Geistes und der Gedanken aufwenden.

Korrektur

☐ Halten Sie den Köper in einem ruhigen und gelassenen Zustand. Es ist sinnvoll, nach dem Abschluss der Übung Übungen zum Abwärmen vorzunehmen, zum Beispiel indem man Handflächen und -rücken aneinander reibt, das Gesicht massiert und die Gliedmaßen entspannt.

Funktionen und Auswirkungen

☐ Diese Übung beruhigt die Zirkulation der inneren Energie, stimmt den Körper, entspannt die Muskeln, erfrischt den Geist und konsolidiert die Auswirkungen der Übungen. Sie hilft den Zustand der Ruhe wiederzuerlangen, indem man sich vor dem Beginn der Übungen befunden hat.

Anhang:
In dem Buch erwähnte
Akkupunkte

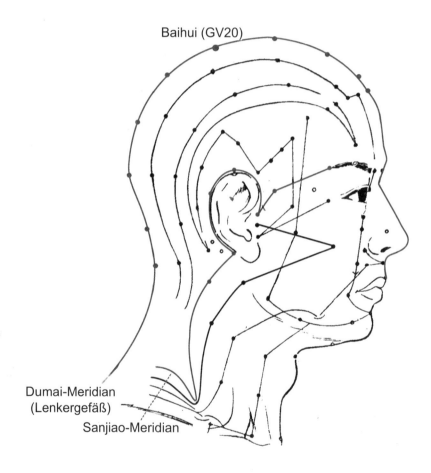

Baihui (GV20)

Dumai-Meridian
(Lenkergefäß)

Sanjiao-Meridian

54

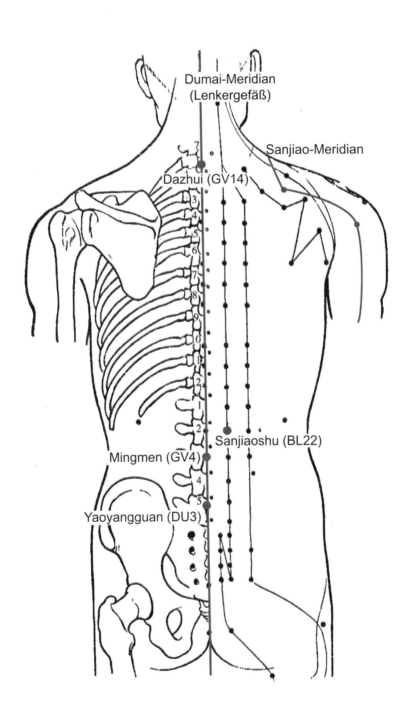

Dumai-Meridian
(Lenkergefäß)

Sanjiao-Meridian

Dazhui (GV14)

Sanjiaoshu (BL22)

Mingmen (GV4)

Yaoyangguan (DU3)

55

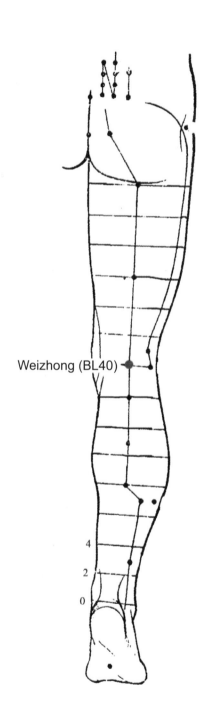

Weizhong (BL40)

4

2

0

图书在版编目（CIP）数据

八段锦：德文/国家体育总局健身气功管理中心编.
北京：外文出版社，2012年
　（健身气功丛书）
ISBN 978-7-119-05433-9

I.八... II.国... III.八段锦–德文 IV. G852.9

中国版本图书馆CIP数据核字（2008）第114203号

德文翻译： Dorian Liedtke
德文审定： 任树银
责任编辑： 杨春燕 杨璐
印刷监制： 张国祥

健身气功——八段锦

国家体育总局健身气功管理中心 编

©2012 外文出版社有限责任公司

出版发行：

外文出版社有限责任公司（中国北京百万庄大街24号 100037）

http://www.flp.com.cn

电　　话：008610－68320579（总编室）
　　　　　008610－68995852（发行部）
　　　　　008610－68327750（版权部）

制　　版：北京维诺传媒文化有限公司
印　　刷：北京外文印刷厂
开　　本：787mm×1092mm　1/16
印　　张：4.25
2012年8月第1版第3次印刷
（德文）
ISBN 978-7-119-05433-9
07000（平装）
14-G-3788P